AF271808

Varjomaa

Aika aikansa kutakin.
Se kulkee eteenpäin

Matilainen Jani

Varjomaa

© 2017 Jani Matilainen

Kustantaja: BoD – Books on Demand, Helsinki, Suomi
Valmistaja: BoD – Books on Demand, Norderstedt, Saksa
ISBN: 978-952-339-981-5

Varjomaa

Ympyrä

Sain ajatuksista tarpeekseni

Syljin ne ulos

jotta ne eläisivät itse

Sain puhumisesta tarpeekseni

Pidin kaiken sisälläni

jotta olisi hiljaisuus

Päädyin loputtomaan ympyrään

jonka alusta löytyi myös loppu

ei reittiä ulos

Kynäni jälki vie eteenpäin

Vapaata pudotusta

Karkasin tyrmästäni
kalterit vanhaa puuta
Karkasin historiaa
se oli elettyä

Karkasin sisintäni
pelkäsin olla
Karkasin kauas pois
lähemmäksi elämää

Karkasin omaa vertani
se virtaa vieläkin sisälläni
Kuohuvana koskena
sieluni painona

Menneisyys on läsnä minne menenkin

8

En tiedä kuinka olisin

Mietin

    kuka kolkuttaa tuonen ovea

Näen edessäni pohjattoman kuilun

Takanani sen reuna

Matka on jatkunut jo pitkän aikaa

enkä vieläkään kosketa maata

Varjomaa

Monet ovat sinne eksyneet

Monet ovat sinne poikenneet

Harhailleet läpi synkän metsän

valon lähteenä ajatus

Aurinkoisilla rannoilla

rakkaitaan

Ei surua, ei tuskaa

Ellei varjot heitä muistuta

Varjomaiden läsnäolosta

Tyhjyys

Sielut menevät taivaaseen kuoltuamme

Sieluttomat katoavat tyhjyyteen

Kolkuttavat paratiisin ovea hennoilla käsillään

Ei ovia auo käärme

ei heitä edes kuulla

Kaikki helvetin ovet lukittu

ei pääsyä ensinkään

Ikuinen tyhjyys tyhjyydessä

manalakin on paratiisi verrattaessa

Taiteilija pelkää joutuvansa

                              tyhjyyteen

Se, että hänet muistetaan ei riitä

hän haluaa itse muistavan

Vaeltaja

Matkallani mietin

minne olen menossa

Matkallani mietin

mistä olen tulossa

Luin sanomalehden

täynnä vieraita lauseita

Matkallani mietin

missä oikein olen

Kyselin ohikulkijoilta

he eivät puhuneet kieltäni

tai sitten ymmärsivät

mutta minä en heitä

Perspektiivin vanki

Olen saattanut loppuun vaellukseni

ja nyt olen tässä

tämä on paikkani

sydämeni

enkä vieläkään tiedä

    Missä olen

    Kuka olen

    ja olenko ollut täällä kauan

Elämänkokemus

Minulta on kysytty

tietä

neuvoja rakkauteen

matemaattisia kaavoja

uskoa

olen aina vastannut

mutta oikeastaan

Mikä minä olen muille vastaamaan

kun en itsekään tiedä kuin

ettei puutarhatonttu

ole elävä

Viisaus vs. Viattomuus

Kuulin puiden kuiskailevan

täynnä salaisuuksia

Kuu teki kultaisen katoksen

Ikään kuin suojasi maailmaa

Auringon sarastaessa keskustelu katosi

puut muuttuivat kuolevaisiksi

Olin kuin vaeltanut läpi ajan

jota emme enää arvosta

Siinä ne seisoivat

liikkuen hitaasti

Suurina monumentteina

kertoen

historiastaan

Salaisuudet kuorien sisällä

Tikka hakkasi yhteen korvaa

Tuli toinen yö

Kuiskailu alkoi hentona

Äänet hiveli aistejani vaikka en saanut selvää

Mietin mitä kieltä puhutaan

Nyt vanhempana tiedän

Tuore mieli vastaanottaa

kauniimmin

Sali

Istuin suuressa salissa

miettien miten ihmeessä

voi ihminen

matkansa alussa myöhästyä

Takanani puhetta

en aio suoriutua vaan yrittää

Miksi täällä sitten ollaan

Ei maailmasta valmistuta

muiden totuudella

Edessäni ihminen

kuin pyövelin jäljiltä

Pää polvien välissä

Korvat valmiina kuulemaan

"Se on ohi"

Tyhjä sali

Hiljaisuus kaikuu seinistään

Tupakkapaikka täyttyy

savukkeista

Totuttelua nykypäivään

On niin hiljaista

Missä äänet

tv:n, radion

tietokoneen

tabletin

Kunnes kuulin

huutoni

Sata vuotta

Sitä aina vaan luulee

heräävänsä uuteen aamuun

auringon nousuun

Joskus se päivä tulee

ettei herää

vaan viimeinen

henkäys

aika sanoa hyvästit

Sitä päivää odotellessa

on tapana touhuta

asioita jotta joku muistaisi

Tee jotain uutta

ja sinut muistetaan

kirjoita kirja

sitten sadan vuoden päästä

joku kirjaston poistomyynnissä miettii

että mitä helvettiä tämä jätkä horisee

Pimeä valoisa

Kuljin metsässä

toinen puoleni auringossa

toinen varjoissa

Törmäsin itseeni

jota silloin

sinuksi ajattelin

Sinä ja minä olimme yhtä

Enkä

> Voinut olla miettimättä
>
> sitä kummalla puolella rajaa
>
> sinä kuljit
>
> Mitä sinä kuulit

Kuulin tuulikellon äänen

Se kuulosti kirkkaalta

kuin eksynyt enkeli

huutanut onnesta

nähdessään auringon

vuosien pimeyden väistyessä

vieden talven mukanaan

Sieltä matkasin kotiini

Omaan onkalooni

Pesääni

jossa viimein löytyi valoa

se olit sinä joka kuljit pimeydessä

Piileskelijä

Ympäripyöreänä näen maailman

kuin ulkopuolinen

Olen piilossa sisälläni

kai siksi ettei minua nähtäisi

ei läheltä, kaukaa

Sanahelinää ajatukset

puheet turhia

joita he mainostavat

elämän viisautena

romahtava kansa

En halua sisintäni pöydälle

Tallennan tietoni sisälle

kammiooni, pyhättöön

joka on sisälläni

    piilossa, kuten minäkin

Palava pensas

Kosketa

palavaa pensasta

Tunne

sen lämpö

Sormen päissäsi

sisälläsi

Katso

itseäsi silmiin

Näe

ihmisyys sisälläsi

joka palaa

kuin pensas

tuhkaksi

Lyhyesti

Olemme novelleja

tarinoita jotka unohtuvat

kirjeitä jotka palavat

On hyvä että meistä puhutaan

Pelko

Pelkään sitä

että jonain aamuna heräisin

siihen etten herää

Pelkään sitä

että jonain päivänä näkisin

olevani sokea

Pelkään sitä

että jonain päivänä tuntisin

olevani rampa

Pelkään muutosta

Kynttilä

Se valuu

kohti keskipistettä

pöydän pinta on puhdas

Ei kiillä kauaa

vaan peittyy steariiniin

Kirjoittaja sotkee paperin

heittää roskiin

Uusi paperi

kirjaimet järjestyksessä

Aika kuluu aikaan

teksti lopuillaan

Kynttilä sammuu ja loppuu tarina

Kuoleman armo

Tunsin kalmankourat olkapäilläni
Tunsin hengityksen niskassani
Tunsin lihasteni jännittyvän
ihoni hikoavan

Käännyin

Katsoin kuolemaa kasvoihin
sen luisevaa kasvoa
Käsissään viikate
jolla niittää minutkin

Juoksin sitä karkuun
Kuulin hevosensa hirnunnan
tunsin maan rymisevän allani
juoksin mitä jaloistani pääsin

Aukaisin silmäni ja oksensin

Katsoin valkeaa kattoa

ympäristön sumuni lävitse

Kuulin rytmikästä hakkausta

se oli sydämeni ääni

Kuvio

Kasvot menetetty

Tunteet tunnottoman

Ajatukset ristissä

Käsissä toivottomuus

Mennettänyt katsoo taivaalle

tutkien kuvioita

demonit kyljissään

odottaen valon nousua

Tekee matkan sisempään

Aukoo pölyttyneitä oviaan

kunnes löytää sen viimeisen

kuvioidensa seasta

Huominen koittaa aina

heräämme siihen tai emme

Hätäpäiväkeräys

Mene itseesi

ennekuin kuolet

ja katsokin etten se ole minä

jolta lunnaat lainaat

Takaisin maksu

auringon mukaan

vaikeaa aikaa sinulle

joka velkaa karttelet

Muista ei almuja

en kilauttele kolehtiisi

keräykseesi

En ennen kuin seisoit ilman käsiä

ilman muitakaan tukia

Ajan henki

Olen sukupolven ruma ankanpoikanen

kuten sinäkin

Olen sukupolven jättiläinen

kuten sinäkin

Olen sukupolven enkelidemoni

kuten sinäkin

Piilota piru

Piilota jumala

Se on aika

ja sen henki

Ne tahtovat ulos

Aikojen alussa

Aikojen alussa meitä ei ollut

mutta sanat olivat

Aikojen alussa sanoja ei kuullut

kun ei kukaan ollut kuulemassa

Vielä nykyäänkin tuntuu ettei kuule

Kielikuvia

Kielikuvilla

kuvia kielestä

antaa kirjoittaja

lukijalle

joka ei tajua

sarkasmia

Mielikuvilla

kuvia mielestä

antaa kirjoittaja

lukijalle

joka ei tajua

saaneensa vastalauseen

Yksikössä

on

helpompaa

Yksikössä on helpompaa

Sinun kanssasi tuntuu

että yksikössä on helpompaa

Monikko ei sovi minulle

Eikä yksikössä voi olla kahta

En voi kuunnella enää

tarinoita lemmestä

jota ei enää ole

kuin kirjoissa

En voi kuunnella enää

tarinoita kolmannesta

jota rakastat

yhtä paljon kuin minua

En voi kuunnella enää

ääntä joka sanoo

rakastan sinua

Samalla kieltäen rakkautensa

Ilman sinua tuntuu

kuin koko maailma rakastaisi minua

eikä ainoastaan yksi

puolella voimalla

Vanha tarina

Kerran kirjailija

kirjoitti siitä

missä tietoisuudessa olemme

Se kaikki riippuu sinusta

Haluaisin olla

enkä tehnyt siitä vaikeaa

Toisin kuin sinä

vaikka ajattelit samoin

että halusit olla

ja luulit minun olevan

jälkimmäisen vaihtoehdon kannalla

Näin väittelemme paperilla

kunnes joku lyö kannet kiinni

Varjojen mailla

Mistä lähtien olemuksesi

on antanut minulle valoa

Mistä lähtien kuilu välillämme

on tarjonnut siltaa

Varjojen mailla meitä oli yksi

Sinä ja minä käsikkäin

eri puolilla kuilua

tyhjyyden

Varjojen mailla meitä oli kaksi

Sinä ja minä yhdessä

toisiimme kietoutuneina

erillämme

Mistä lähtien olemukseni

on toivoa antanut

sillä näillä seuduilla

ei saa

eikä voi

itkeä

Suhde

Sinä satutit minua

kuten minäkin sinua

Suhteemme oli suhteellinen

Ainakin sinulla, en tiedä itsestäni

Sinä loukkasit minua

kuten minäkin sinua

Oli aika jolloin en voinut puhua

ilman korostusta

ilman huutomerkkejä

Se on ohi

Olemme yhtä

Sinä päivänä

minä yönä

vaihdamme aikaa

kaiken aikaa

Sinä puuna

minä maana

jonka päällä

juuresi makaavat

Sinä hanki

minä jäljet

jotka painautuvat

pintasi päälle

Sinä revontulina

minä ketunhäntänä

vanhoissa kirjoissa

tietoina ja satuina

Olemme yhtä

oli muotomme

mikä tahansa

missä tahansa

Oikeat väärät

Miksi rakastutaan häneen jota ei voi saada

Ensin naapurin tyttöön

joka on kuin enkeli unistasi

häntä et voi saada

Kuten myös vastaantulijaan

joka kulkee ohitsesi kuin unessa

katsoo silmiin ja hymyilee

kunnes katoaa sumuun joka on historiasi

häntä et voi saada

Ehkä seinäruusuun

joka odottaa tansseissa oikeaa

joka et ole sinä

häntä et voi saada

Tai ehkä saatkin

Tätäkö se on se rakkaus

Meidän tähtemme

Vaikka se kuulostaa kliseeltä

aina kun katson tähtiin

muistan sinut, ensirakkauteni

Sen hetken kun käsikädessä kuljimme

yön hiljaisena hetkenä

Tähti nimissäsi

Se on meidän

ja on vieläkin

Kukaan ei vie sitä meiltä pois

Nytkin katson ylös ja ajattelen sinua

sitä missä olet

mikä olet

mitä teet

katsothan sinäkin

kuvani

Kuolinsyy

Hän muistaa lapsuudestaan

valkoisen katon, tyhjän huoneen

itsensä seljällään keskellä tyhjyyttä

omia unelmiaan katsoen

Hän muistaa nuoruudestaan

mustat hiukset, ruskeat silmät

Silmien kohtaamisen suuressa salissa

Suuret häät

Nyt hän makaa samassa tilassa

koneen piipatessa vieressään

Hämärässä hän näkee samat silmät

hymyillen koko olemuksellaan

Hän ristii kätensä

piippaus hiljenee

tuntee tutun kosketuksen

Kädettömät

Pelko alkaa rakkaudesta

pelko suhteen kestosta

Suru alkaa aina lopusta

kaivautuen ulos puserosta

Pelko syö sisintämme

eikä tule kylläiseksi

Suru kertoo surijasta

vanhan valan vannojasta

Pelko vie eteenpäin

se tuo rajat

Suru vie eteenpäin

rikkoo rajat

Pelko vie poispäin

Kauas pois surusta

he kulkevat käsikkäin

eivät pidä toisistaan

eivät

pidä

toisistaan

Jumalatar

Hän näytti auringonnousunjumalattarelta

joka nousevan auringon valossa kylpi alastomana

joka toi elämään lisää valoa

ja joka jo aikojen alussa toi olemuksellaan valoa

Hän näytti auringonlaskunjumalattarelta

joka laskevassa auringossa toi toivoa tulevaan

joka laskevassa auringossa teki tietä valolle

jonka hiukset lumosivat hehkullaan

ja hän on minuun

ja minä häneen

enkä vieläkään

saa henkeä

Koti

Hän pysähtyi hetkeksi

täyttääkseen keuhkonsa ilmalla

joka ei ollut likaista

kuten hän oli tottunut

Hän katsoi eteenpäin

nähdäkseen vilauksen tulevasta

joka ei ollut paha

kuten hän oli tottunut

Hän astui askeleen

ja pyrähti juoksuun

saavuttaakseen

määränpäänsä

Vanha talo seisoi paikoillaan

kuten aina

52

Hän laski kyyneleen

itsekseen

Hän oli tullut kotiin

menetettyyn

Hetket uudelleen

Aivan kuin olisit rakennettu tunteettomuudesta

aivan kuin olisit rakennettu välinpitämättömyydestä

aivan kuin vereni hyytyisi suoniini

aivan kuin niskakarvani nousisi pystyyn

olet kuin olisit joskus minua rakastanut

olet kuin olisit minua joskus ajatellut

olet kuin punaisen auringon lasku manalassa

olet kuin alaston paholainen naisen nahkoissa

Kun

"Infandum, regina, lubes renovare dolorem"

Ei koskaan yksin

Kaduilla

kulkijaa seuraa tyhjät katseet

jotka eivät koskaan sano mitään

ellet ole huonona

eikä välttämättä sittenkään

Metsässä

kulkijaa seuraa näkymättömät katseet

jotka ovat päivisin pelkkää kuvitelmaa

kunnes pimeässä näkyy niiden loisto

Vaikka kuinka haluaisit olla yksin

näitä katuja, näitä metsiä

kulkiessa tietää

ettei se onnistu tässä ajassa

Päiväntekijä

Edessäni makasi tyhjä paperi

se odotti kynäni jälkeä

malttamattomana

Kirjoitin häneen

"Sinua ajatellaan"

Laitoin kuoreen

kirjoitin vastaanottajan

vein laatikkoon

Viikon kuluttua se aukaistiin

luettiin, käänneltiin, hämmästeltiin

Hymyiltiin

Vaikka ei tarvitsisi

Luulin eläväni suojassa

paratiisissa, jossa kukaan ei koskaan

Luulin löytäneeni maailman

paratiisin muillekin kuin kirjoittajalle

maailma on

VIHAA

Tällä hetkellä

vanhus kaatuu maahan

talo räjähtää kasvoille

luoti koskettaa sydäntä

viikate niittää niittyjään

turhia taisteluita periaatteista

haudankaivajille tarjotaan ennenaikaista työtä

vaikka ei jumalauta tarvitsisi

Aikansa uhri

Hän kulki korkeissa kengissään

ihmiset pelkäsivät hänen hukkuvan

jos alkaisi vaikka sataa

Hän piti aina uusia vaatteitaan

ihmiset pelkäsivät hänen hukkuvan

jos alkaisi vaikka sataa

Vähän ihmiset tiesivät

tästä elämää pelkäävästä

erakosta, joka yön hiljaisina

loi katseensa taivaankanteen

lukien äänettömän rukouksen

"ymmärtäkää minua"

Hän oli aikansa uhri

Ajan jolloin ei pärjää normaali

vaan epänormaali

keikistelevä

omaa sisintään pelkäävä

muita nuoleskeleva

materialisti

tyhjässä talossa

kuten sinä

Pohjoinen Maa

Pohjoinen Maa

Täynnä rosoisuutta on pintasi

silmät ahnehtien

hiljaisuus

naksautan sormiani

pyyhin kylmänhikeä otsaltani

niin kaunis olet

alastomuudessasi

Keskellä tyhjyyttä on hyvä

syrjässä sieltäkin parempi

Onhan näitä erakoita

ja enempi tulee

Onnekseni synnyin

maahan pohjoiseen

syrjään

keskelle kaikkeutta

Harmonia

Katsoin sinistä merta

johon laskeva aurinko loi

ikuisen sävelensä

Lintu lauloi

toi tunteen mieleen

iholle

Tunsin syksyn ilmassa

viileä tuulahdus pohjoisesta

ajatukset

Poimin yksinäisen kiven

hajotin harmonian

hettämällä sen kauas

    lähtöpisteeseen

      syvyyksiin

Tunsin olevani suojassa

Kai tämä oli tarkoitettu

siniseksi hetkeksi

Silta

Kultainen on se tie

joka keskelle johtaa

ei kestä painoa

ei pienintäkään

Astua sille halusin

Painaa jalkani sen

ikiaikaiselle muodolle

muuttumattomalle

Tiesin jalkani menevän sen läpi

Astuin sen pinnalle

Kuljin sitä pitkin

keskustan tavoitin

jalkani ei enää koskeneet maata

Kuljin takaisin sillan alkuun

Katsoin kuinka askeleeni

vielä heilutti sen muotoa

Valo peittyi pilvi peitteeseen

Maailma on tarinaa

Ohittajat

Tunsin hiljaisuuden raskaan painon päälläni

Lähestyin hiljaisuuden lähdettä

sieltä pulppusi syvä äänettömyyden virta

joka vaihtoi suuntaa

sen kohdattuani

Tuhannet ja taas tuhannet

vihamiesten rummut

paukuttivat epärytmejään

irvien kuolevaisuudelleni

Älä mene korkeille paikoille

Lopulta he ohittivat minut

Suurilla rattailla

jotka olivat heitä kuljettaneet

aikojen alusta

Kuulin lintujen sinfonian

Näin kaaren kaartuvan taivaalle

Kuin uhmaten heidän voimaansa

kiipesin puuhun

Se oli virhe

Pohjoinen maa

Mies kääri kohmeisilla sormillaan tupakan

hän tamppasi itselleen lumeen alueen

Kaikki me tiedämme olevan pohjoisessa

Nyt me myös tunsimme sen

Mittari on laskenut kolmeenkymmeneen

Tuulee lujaa läpi kehojen

puut paukkuvat peloissaan

Jänis on jättänyt jäähän jälkensä

Linnut ei laulaneet

on hiljaista

ainoastaan kylmä pohjoistuuli

pitää äänellään seuraa

Mies starttaa autoaan

Se ei käynnisty

Uusi lommo kyljessään

se työnnettiin sulamaan

Mietin miksi haluan olla

osa tätä hullua kansaa

joka valitsi synnyinmaakseen

kylmän pohjolan

Tuuli kulkee lävitseni

Vereni hyytyy suoniini

hengitän keuhkot täyteen

ja tiedän miksi

Keskellä metsää

Keskellä tiheää metsää

valo laskeutuu hiljaa oksien lomasta

luoden ikiaikaisen näyn sammaleiselle maalle

Keskellä tiheää metsää

pienikin valon lähde

voi tehdä kokonaisen päivän

Keskellä tiheää metsää

sadepisara etsii kotiaan

ollessaan ikuinen siirtolainen

Keskellä tiheää metsää

sadepisarat kasaantuvat yhteen

luoden oman siirtokuntansa

Keskellä tiheää metsää

kulkiessaan yksin voi vaeltaja

löytää aina seuralaisensa

Keskellä tiheä metsää

avunhuuto ei kuulu kenellekään

aina kuitenkin sille tärkeimmälle

Harmiksi tiheys on harvassa

Aistiharhat

Tuomionkäytävällä haisi

rikki ja kusi

Luonto oli kukistettu

sinitaivas punainen

puut tuhkan peitossa

vesi kiehuvaa

nurmi täynnä palaneita jalanjälkijä

jotka kasvoivat takanani

Kulkija herää aamunkoittoon

linnunlauluun

tuulenhenkäykseen

auringonvaloon

sydäntalveen

keskikesään

oli kaikki uniharson peitossa

Maailma

Laiva saapui satamaan

jossain päin saharaa

Kauppiaat möivät

tonneittain jäätä antarktikselle

Laivan lastina

hiekkaa saharan hiekoitukseen

Saatu jää käytettiin

jäädytykseen

Minä löin varpaani

sohvanjalkaan ja kirosin

Perkele tätä sekoilua

Tähtikuviot

Makasin maassa

lueskellen tähtikuvioita

taivaan suuresta kirjahyllystä

Joskus ne olivat olleet

esi-isiä

jumalia

tarunhohtoisia hahmoja

nykyään pisteitä

määrätyssä järjestyksessä

ilman logiikkaa

täynnä järkeä

täyttämässä maailmankaikkeutta

Täysikuu hymyilee minulle

Vuoksi sen olen olemassa

74

Yksineljäsosa 1

Suli kinokset

ihmiset hymyilivät

kuin koskaan ennen

ei olisi nähty

kitukasvuisia kasveja

työntymässä kohti energialähdettään

Autot likaantuivat

ihmiset väistelivät lammikoita

kuten aina ennenkin

Hidasta vauhtiaan

puhkeaa luonto kukkaansa

vain pienillä alueilla

Kaikki oli vasta syntymäisillään

Aukioiden valoisilla puolilla

valui vesi norona

Pimeillä puolilla

pystyi jalkansa taittamaan

Oli

tullut

kevät

Yksineljäsosa 2

Aurinko nousi selkäni taakse

ensimmäistä kertaa aikoihin

se valaisi tietäni

läpi vehreiden laaksojen

Haistoin ilman

näin sen edessäni

Tunsin hiekan varpaitteni välissä

seisoessani entisen jäätikön reunalla

Tunsin vapauden sisälläni

kun heittäydyin sen syleilyyn

Se poltti selkääni katseellaan

vaihdoin väriä

Se kosketti valollaan minua

ympäri vuorokauden

Ihmiset parveilivat

miltei alastomina

jotkut oikeutetusti

jotkut ei

Oltiin kuin mallit pariisissa

tai moldovassa

Oli tullut kesä

Yksineljäsosa 3

Verannalle putosi entinen vihreys

koulut alkavat, ihmiset

masentuvat

Se kestää talveen saakka

Koko homman alkaen alusta uudestaan

On lohdullinen aika

takkatulen ääressä

kirjaa lukien

jossa ei ole järkeä

      kuten ei tässäkään

Kulkiessa keltaisia teitä

Ihmisten kammat haravoivat

äiti maan päätä

Pimeys peittää kasvot tummaan usvaan

Tuntematon

joka nousee paleltuvilta pelloilta

Luonto kuolee

Romantikkaa

Oi tullut syksy

Yksineljäsosaa 4

Heräsin horroksestani

sytytin viimeisen kynttilän

venyttelin jäseniäni

aistin kylmyyden

Ilma on kirkas

Katsoin ulos ikkunasta

astuin ulos ovesta

kosketin pudonnutta puuteria

joka katosi lämmöstäni

Oli pimeää, rakastin

oli kylmää, halajin

oli pistävää, elin

oli heittäydyttävä jotta tuntisin

                              enemmän

Enkeli laskeutui alleni

se piirtyi kuin itsestään

hymyilin kaikille

katsellessani luomustani

Hengitin syvään ja ulos

ympäröivä kylmyys toi suojan

se höyrysi

manalassa tarvittiin takkapuita

roviolle oli jonoa

Oli tullut talvi

Ajaton

Väkivahva

Väkivahva tunne

kirjatut sanat

painava jälki

musteella paholaisen

Varjot valoa

voimistuakseen, kasvaakseen

Ikuista pimeyttä

ollakseen aina

sen kaltainen

Ei elä ei

Ei elä, ei

ei vierailla mailla

ei päivänmatkan

ei hengähdyksen päässä

Sanat tarkoitettu

minuuteen

sisäiseen pahuuteen

joka sydämen sykkeen löydettyään

täyttää lykantroopin mielen

ihmisyyden tappaen

ollakseen

itsensä

demonin kaltainen

Sanat pettää

Kaikki kellertävää

haurasta koskea

puhalluksen voimalla

murrettavissa

Sanat pettivät minut

enkä enää voinut kääntyä

Käteni oli sidotut

mieleni nauhoin

Uutta tilaa etsiessä

solmut ei auenneet

ei hellenneet

ei löystyneet

Ei elämästä

löytynyt yhtäkään

Ei yhtäkään

uutta sivua

Sydämensärkijät

Ensimmäinen askel

taakse

Toinen vie

jalat alta

Olla kyky parantaa

sisäiset haavat

Hallita ajatukset

sulkea pois näyt

Harvailevat silmäparit

etsien turvaa

Häpeän puna

kuin veri taistelukentillä

Olla kyky unohtaa

kuinka rakastaa

Olla vuodattamatta

petetyn kyyneleitä

Houre

Houreunen keskellä

epämäärän ympäröimä

näkyy elämä

sen suunta

Puolikuolleet silmät

kieroine pupilleineen

mustine alusineen

liian tarkkaavaisuuden tulos

Seinää kiipeää torakka

elämänsuunta silläkin

ylöspäin

toisinkuin

kirjoittajalla

Kyyneleitä

Kiemurtelen lattialla

en kivusta

vaan luonnostani

Kyyneleitä

Kieleni on koskenut monia

myrkkyni ei toimi

kukaan ei ole kuollut

Kyyneleitä

Luikertelen haluttomasti

tilanteesta tilanteeseen

En halua ketään teistä

Kyyneleitä

Haluan sinut jota saada en voi

Kyyn eleitä

Sitä kaivataan

Missä valo

kun sitä kaivataan

entä lumi

joka loistaa valkeana

Missä kulkijan toivo

kun huomista ei näy

Ikuinen lokakuu

vainoajana ajatuksissa

Matka pimeyteen on alkanut